Tesis en Yadaᶜ Yahuah Restaurado

Master of Biblical Restoration Studies

MBRS Libro 5 — Tesis a Nivel de Maestría en Dominio de Restauración en Yadaᶜ Yahuah

Texto Oficial del Estudiante

DR. YERAL E. OGANDO

Tesis en Yadaʿ Yahuah Restaurado

Master of Biblical Restoration Studies

MBRS Libro 5 — Tesis a Nivel de Maestría en Dominio de Restauración en Yadaʿ Yahuah

Texto Oficial del Estudiante

Por:
Dr. Yeral E. Ogando
Redactado y publicado por:
Dr. Yeral E. Ogando
Adoptado para uso de Enseñanza por:
Yahuah Institute of Biblical Restoration, Inc. www.yahuahinstitute.org

Como el texto base para:
El Programa Master of Biblical Restoration Studies (MBRS)

Las citas de las Escrituras se toman exclusivamente de Dabar Yahuah Escrituras Yahuah – www.yahuahbible.com/es.
Este libro de texto es producido para propósitos académicos, de Enseñanzas y de formación teológica dentro del programa MBRS y cursos afiliados.
"Todos los textos de Enseñanzas utilizados por el Programa MBRS son redactados y publicados de manera independiente por el Dr. Yeral E. Ogando. El Instituto adopta estos textos únicamente para propósitos de Enseñanzas y no los posee, publica ni recibe ingresos de ellos."
ISBN: 978-1-946249-62-3

AUTORIZACIÓN Y DECLARACIÓN INSTITUCIONAL

Este libro de texto, FUNDAMENTOS DE RESTAURACIÓN BÍBLICA (Foundations of Biblical Restoration), es redactado y publicado por el Dr. Yeral E. Ogando y es adoptado y aprobado para uso de Enseñanza por Yahuah Institute of Biblical Restoration, Inc. como el texto de Enseñanza central para el programa Master of Biblical Restoration Studies (MBRS).

Todas las posiciones doctrinales, Terminología, estructuras de Enseñanzas y estándares evaluativos contenidos dentro de este volumen están gobernados exclusivamente por Dabar Yahuah - Escrituras Yahuah tal como se preservan en las Escrituras reconocidas por el Instituto: los escritos inspirados del Tanakh (Antiguo Testamento), los Apokryfos preservados, y los escritos del pacto Renovado (Nuevo Testamento).

Este texto opera dentro de un marco canónico y teológico cerrado para el ciclo académico en el cual es emitido. Ningún sistema denominacional externo, metodologías filosóficas, Yada Yahuah (teología) especulativa, o tradiciones institucionales están permitidos para gobernar la interpretación, instrucción o evaluación dentro del programa MBRS.

Esta Edición del Estudiante está autorizada para uso de Enseñanza únicamente dentro del programa MBRS.

La reproducción, distribución o uso no autorizado fuera de contextos de Enseñanzas aprobados por el Instituto está prohibida.

PREFACIO Y DECLARACIÓN DE PROPÓSITO

FUNDAMENTOS DE RESTAURACIÓN BÍBLICA (Foundations of Biblical Restoration) existe porque las Escrituras mismas demandan restauración.

Este libro de texto no fue escrito para defender sistemas denominacionales, preservar teología heredada, o armonizar marcos filosóficos con las Escrituras.

Fue escrito para permitir que Dabar Yahuah gobierne como Yada Yahuah (teología) sin conflicto.

La teología moderna a menudo comienza con suposiciones y busca en las Escrituras apoyo. La Yada Yahuah (teología) de Restauración invierte ese orden. Las Escrituras establecen autoridad, definen categorías, diagnostican corrupción, y revelan restauración conforme a la intención divina en lugar de la tradición humana.

Este libro sirve como el texto de Enseñanza único e integrado para el Master of Biblical Restoration Studies (MBRS). Guía al estudiante desde el Testimonio de las Escrituras a través de, Yahuah: Guia de Restauración, El Origen del Mal: Verdades Bíblicas Escondidas a Plena Vista, Las Tres Humanidades™: La División de la Humanidad en el Plan de Yahuah - Volumen 1, y Las Tres Humanidades™: La Restauración de la Primera Humanidad en el Plan de Yahuah - Volumen 2— culminando en una tesis independiente.

Declaración de Propósito

El propósito de este libro de texto es:

- Establecer las Escrituras como la única autoridad gobernante
- Restaurar categorías bíblicas oscurecidas por la tradición y la traducción
- Definir el mal sin atribuir corrupción a Yahuah
- Explicar a la humanidad a través del marco de las Tres Humanidades™
- Presentar la restauración como transformación, no reparación
- Preparar a los estudiantes para defender la Restauración Yada Yahuah (teología) de manera independiente y precisa

Este texto no es devocional. No es especulativo. Es de Enseñanza, correctivo y autoritativo.

RESULTADOS DEL APRENDIZAJE DEL PROGRAMA

Master of Biblical Restoration Studies (MBRS)

Al completar exitosamente el programa MBRS, el estudiante podrá:

- Demostrar Razonamiento del pacto a través de todo el cuerpo de las Escrituras, integrando los escritos del Tanakh (Antiguo Testamento), Apokryfos, y los escritos del pacto Renovado (Nuevo Testamento) sin contradicción.

- Explicar la autoridad de las Escrituras como de origen divino, delimitada canónicamente y preservada en el pacto.
- Definir el mal, la corrupción, el juicio y la restauración usando únicamente categorías de las Escrituras, sin depender de marcos filosóficos o denominacionales.
- Articular el marco de las Tres Humanidades™ (Primera, Segunda, Tercera Humanidades y la Variante) usando antropología gobernada por las Escrituras y Yada Yahuah (teología) del linaje.
- Hacer la diferencia entre pecado, corrupción y alteración Creacional, explicando por qué la restauración requiere transformación en lugar de reparación moral.
- Aplicar disciplina del lenguaje del pacto responsablemente, demostrando cómo las palabras gobiernan la doctrina y previenen distorsión teológica.
- Defender la Restauración Yada Yahuah (teología) desde la creación hasta la consumación como un sistema unificado y consistente con las Escrituras.
- Producir y defender una tesis a nivel de maestría fundamentada exclusivamente en las Escrituras, demostrando claridad doctrinal, consistencia canónica e integridad metodológica.

CÓMO USAR ESTE LIBRO DE TEXTO

Este libro de texto está diseñado para uso estructurado y en orden cronológico dentro del programa MBRS.

- Responsabilidades del Estudiante
- Leer todas las Escrituras asignadas antes de interactuar con comentarios o explicaciones.
- Seguir el progreso de semanas y meses sin omitir secciones.
- Usar únicamente fuentes De las Escrituras aprobadas por el Instituto al completar asignaciones.
- Adherirse estrictamente a plantillas bloqueadas, indicaciones y criterios de evaluación.
- Demostrar dominio mediante claridad, uso de las Escrituras y razonamiento disciplinado.

Estructura De Enseñanza

- Cada Término se construye sobre autoridad y doctrina previas.
- Cada Mes introduce metas de Enseñanzas definidas.
- Cada Semana se enfoca en conceptos de las Escrituras específicos.
- Las evaluaciones miden integración y razonamiento, no memorización.

Este texto no está diseñado para lectura casual.

Está diseñado para formación, corrección y calificación.

Los estudiantes que intenten eludir la estructura, introducir sistemas externos o depender de la especulación no avanzarán.

DECLARACIÓN DE INTEGRIDAD ACADÉMICA Y DE LAS ESCRITURAS

- La inscripción en el programa MBRS constituye acuerdo con los siguientes estándares:
- Las Escrituras gobiernan todas las conclusiones.
- Dabar Yahuah es la autoridad más alta.
- Ningún sistema denominacional, filosófico o especulativo puede anular las Escrituras.
- Todo trabajo debe ser original, veraz y citado con precisión.
- El plagio, la innovación doctrinal o la tergiversación de las Escrituras resulta en descalificación.
- El avance es evaluativo, no automático.

Este programa valora la claridad sobre la creatividad, la sumisión sobre la especulación y la verdad sobre la tradición.

La meta no es afirmación, sino formación.

RECURSOS DEL TEXTO AUTORIZADOS Y ACCESO

Los textos de Enseñanzas y recursos de las Escrituras usados dentro del programa Master of Biblical Restoration Studies (MBRS) se ponen a disposición a través de plataformas designadas.

Los textos de referencia primarios y materiales de apoyo redactados por el Dr. Yeral E. Ogando están abiertamente accesibles en www.yahuahdabar.com. Estos materiales pueden ser leídos en línea por cualquier visitante. El registro permite a los usuarios descargar versiones PDF de los textos bases. Estos materiales están disponibles públicamente y no están restringidos a estudiantes inscritos. Dabar Yahuah - Escrituras Yahuah, incluyendo los escritos del Tanakh (Antiguo Testamento), Apokryfos y los escritos del pacto Renovado (Nuevo Testamento), están abiertamente accesibles para lectura en línea en www.yahuahbible.com/es. Estos textos se proporcionan como la base de las Escrituras autorizada para el programa MBRS y están disponibles para todos los lectores.

Para el estudio de las Escrituras y la consulta a nivel de término, se instruye a los estudiantes a usar la Aplicación Dabar Yahuah Scriptures, incluyendo sus herramientas de la Concordancia Strong para referencia hebrea y griega. Esta herramienta se utiliza para confirmar formas de palabras, significados y uso de las Escrituras en alineación con el marco de Enseñanza del Instituto.
Los libros de texto de la Edición del Estudiante, sin embargo, no se distribuyen públicamente a través de estos sitios web. Los libros de texto del estudiante se proporcionan a través de la plataforma de Enseñanza del Instituto o canales autorizados de distribución de cursos, con la excepción de la edición impresa de Amazon.

Estas distinciones de acceso son intencionales y forman parte del marco de Enseñanza y evaluativo del Instituto.

DE TEOLOGIA A YĀDAʿ YAHUAH

Por qué Yahuah Institute of Biblical Restoration, Inc. Rechaza el término "Teología" y Restaura el Conocimiento Bíblico

INTRODUCCIÓN

Yahuah Institute of Biblical Restoration, Inc. está comprometido con restaurar la verdad bíblica a su marco del pacto original. Este compromiso requiere no solo la restauración de doctrina, sino también la restauración de lenguaje, método y autoridad.

Una de las restauraciones más fundamentales que hacemos es el rechazo deliberado del término "teología" y su reemplazo con el concepto bíblico de Yādaʿ Yahuah.

Esta decisión no es estilística, cultural ni reaccionaria.

Es lingüística, bíblica y doctrinalmente necesaria.

El Origen del Término "Teología"

La palabra teología en español se deriva del término griego θεολογία (theologia), formado de:

- θεός (theos) — dios
- λογία (logia / logos) — discurso, razonamiento, investigación filosófica

Históricamente, teología significaba "discurso razonado acerca de los dioses".

Se originó en el pensamiento filosófico griego, no en las Escrituras.

Este término fue impuesto posteriormente sobre los estudios bíblicos durante los períodos helenístico y post - Constantino, cuando categorías filosóficas griegas fueron usadas para sistematizar los textos bíblicos.

Los autores bíblicos nunca usaron este término.

Nunca describieron sus escritos, enseñanzas o revelaciones como "teología".

Por qué "Teología" Es Incompatible con las Escrituras

El concepto de teología asume:

- que Alôhîym (Dios) es un objeto de análisis,
- que la verdad se alcanza mediante razonamiento intelectual,
- y que los humanos definen conocimiento acerca de Alôhîym (Dios).

Las Escrituras presentan el orden opuesto:

- Yahuah revela,
- la humanidad recibe,
- el conocimiento fluye de la obediencia y la relación del pacto.

Los sistemas teológicos frecuentemente colocan la razón humana como la autoridad organizadora sobre la revelación.
La Escritura coloca la revelación por encima de la razón humana.
Por esta razón, teología no es un término neutral — es un marco filosófico extranjero impuesto sobre la revelación bíblica.

El hebreo No Piensa en Categorías de "-logia"
El pensamiento bíblico hebreo no comienza con sustantivos abstractos ni sistemas especulativos.
Comienza con verbos, acción y relación.

El pensamiento griego es:

- Abstracto
- Analítico
- especulativo

El pensamiento hebreo es:

- por relación
- del pacto
- revelado
- vivido y obedecido

Por lo tanto, la pregunta no es: "¿Cuál es la palabra hebrea para teología?"
La pregunta correcta es: "¿Cómo definen las Escrituras el conocer a Yahuah?"

LA RAÍZ BÍBLICA: יָדַע (YĀDAʿ)

El término bíblico fundamental es el verbo hebreo יָדַע (Yādaʿ).
Yādaʿ significa:

- conocer en relación
- conocer por experiencia
- conocer en el pacto
- conocer a través de la obediencia y el encuentro

Esto no es conocimiento teórico.

Ejemplos de las Escrituras:

- Berēšhīṯh 4:1 — "Adam conoció a Eva"
- Šhemōṯh 33:12 — "Te he conocido por tu nombre"
- Yirmeyâhû 31:34 — "Todos me conocerán"

En cada caso, conocer es por relación y experiencia, no información.

DAʿAT (דַּעַת) DEPENDE DE YĀDAʿ

El sustantivo דַּעַת (Daʿat) — "conocimiento" — se deriva de Yādaʿ.
Esto significa:

- Daʿat es el resultado de conocer,
- no la fuente de conocer.

Cuando Daʿat se separa de Yādaʿ, el conocimiento se vuelve abstracto y distorsionado — exactamente lo que ocurre en los sistemas teológicos.
Las Escrituras nunca tratan el conocimiento como una posesión intelectual independiente.
El conocimiento siempre es el fruto de la relación del pacto.

EL MARCO BÍBLICO RESTAURADO: YĀDAʿ YAHUAH

Por esta razón, el Instituto restaura la categoría bíblica:
יָדַע יְהוָה — Yādaʿ Yahuah
"Conocer a Yahuah por revelación del pacto y obediencia."

Definición Formal:
Yādaʿ Yahuah es el acto del pacto de conocer a Yahuah a través de Su autorrevelación, instrucción y obediencia vivida. No es razonamiento especulativo acerca de Alôhîym (Dios), sino conocer por relación fundamentado en fidelidad, encuentro y sumisión a Su Palabra.
Daʿat Yahuah (el conocimiento de Yahuah) es el resultado de Yādaʿ, no su sustituto.
Implicaciones para la Educación y los Grados
Debido a esta restauración:

- No enseñamos teología
- Restauramos el conocimiento del pacto basado en Yādaʿ
- Nuestros programas forman siervos, no analistas
- Nuestros grados representan responsabilidad del pacto y rendición de cuentas, no meramente estatus intelectual

El Instituto rechaza la filosofía abstracta griega a favor de la revelación bíblica.

CONCLUSIÓN

La restauración de la verdad requiere la restauración del lenguaje.
Teología no es una categoría bíblica.
Yādaʿ Yahuah lo es.

Al restaurar Yādaʿ Yahuah, el Instituto se alinea con:

- la autoridad de las Escrituras,
- el conocer del pacto,
- y la visión bíblica original.

Esta restauración no es opcional. Es fundamental.

DECLARACIÓN OFICIAL

"No razonamos acerca de Yahuah; lo conocemos como Él se revela."

Tabla de Contenido

CUATRIMESTRE V· MES 1
LA FUNCIÓN DEL CUATRIMESTRE V

El CUATRIMESTRE V existe con un solo propósito:
determinar si Yadaʿ Yahuah se ha transferido plenamente.
Este término no agrega material.
No expande el sistema.
No refina doctrina.

Pone a prueba si el estudiante puede:

- interpretar las Escrituras sin guía
- aplicar las Ecuaciones de la Humanidad sin indicaciones
- preservar la dirección causal sin corrección
- defender la lógica de la restauración sin colapsar categorías
- articular todo el Plan de Yahuah como un sistema unificado

ESTRUCTURA DEL CUATRIMESTRE V

Mes 1 — Demostración Deductiva (Fase de Calificación)
El estudiante ya no es instruido.
Se le muestra el marco en operación y se le exige deducir, no repetir.
La pregunta que gobierna el Mes 1 es singular:
¿Se ha vuelto nativa la Restauración Yada Yahuah en el razonamiento del estudiante?
Si sí — se demuestra dominio.
Si no — el marco aún no se ha transferido.
Este mes funciona como la cúspide del diagnóstico, no como un bloque de enseñanza.

MESES 2-4 – TESIS (FASE DE SÍNTESIS INDEPENDIENTE)

La instrucción Termina.

La supervisión permanece.

El estudiante debe de manera independiente:

- construir una articulación de sistema completo del Plan de Yahuah
- defender separación, juicio y herencia
- trazar las Tres Humanidades desde el origen hasta la consumación
- demostrar coherencia interna a lo largo de todos los términos

No se da nueva guía.

No se proporciona andamiaje.

No se ofrece instrucción correctiva.

Lo que el estudiante produce refleja lo que ahora vive dentro de él.

EL EXPERIMENTO DEDUCTIVO

De la Recepción al Reconocimiento

PROPÓSITO DEL MES

El Cuatrimestre V · Mes 1 existe para determinar si el estudiante ahora opera desde Yadaʿ Yahuah en lugar de aprender acerca de él.

Este mes no:

- introduce material nuevo
- explica material previo
- guía la interpretación

Presenta únicamente estructuras reveladas y observa si el estudiante puede deducir la verdad sin ayuda.

Este mes es la puerta de entrada a la Tesis.

VISIÓN GENERAL DE LA ESTRUCTURA DEL MES 1

- Semana 65 — Reconocimiento del Orden Creacional
- Semana 66 — Reconocimiento de la Lógica de la Corrupción
- Semana 67 — Reconocimiento de la Lógica de la Restauración

SEMANA 68 – INTEGRIDAD DEL SISTEMA Y DEFENSA DE LÍMITES

Cada semana:

- usa únicamente material ya dado
- no contiene explicaciones de enseñanza
- exige resultados deductivos
- escala en presión de límites

CUATRIMESTRE V – MES 1 - SEMANA 65

RECONOCIMIENTO CREACIONAL

Identificando lo que Yahuah Autorizó

Material Gobernante

Ecuación de la Humanidad: Y + A = FH

Enfoque del Texto: La Primera Humanidad (FH)

Conjunto de Escrituras:

- Bereshith 1–2
- Bereshith 5:1–3
- Iyov 33:4

Tarea Deductiva

Sin redefinir términos, el estudiante debe demostrar:

- Por qué la Primera Humanidad es la única línea base lícita
- Por qué la transmisión del Ruach debe ser paterna
- Por qué la consumación de la creación precede a la acción humana
- Por qué la identidad precede a la obediencia

Movimientos No Permitidos

- Enmarcado moral de la Caída
- Lenguaje evolutivo
- Tratar a FH como simbólica a abstracta

SEÑAL DE APROBACIÓN

El estudiante razona desde el origen, no desde el comportamiento.

CUATRIMESTRE V – MES 1 - SEMANA 66

RECONOCIMIENTO DE LA CORRUPCIÓN

Identificando lo que Yahuah NO Autorizó

Material Gobernante

Ecuaciones de la Humanidad:

- AW + HW = N
- NM + PW = N
- PM + NW = MH

Enfoque del Texto:

- La Segunda Humanidad
- La Tercera Humanidad (Humanidad Mixta)

Conjunto de Escrituras

Bereshith 6

Bemīḏbar 13:32–33

Debārīm 9:1–2

Tarea Deductiva

El estudiante debe:

- Explicar por qué la corrupción es genealógica, no moral
- Demostrar por qué el linaje Nefelino es irredimible
- Hacer la diferencia claramente entre:

Nefelinos
Humanidad Mixta

- Probar por qué la separación es lógica protectora

Movimientos No Permitidos

- Tratar a los gigantes como metáforas
- Atribuir la corrupción solo al ambiente
- Moralizar el juicio sobre los Nefelinos

Señal de Aprobación
El estudiante preserva la asimetría de la herencia sin colapsar categorías.

CUATRIMESTRE V – MES 1 - SEMANA 67
RECONOCIMIENTO DE LA RESTAURACIÓN
Identificando lo que Solo Yahuah Puede Restaurar
Material Gobernante

Ecuación de Restauración de la Humanidad:
Y ⊕ HW = Y

Enfoque del Texto:
La Variante (Yahusha Ha'Mashiyach)
Conjunto de Escrituras
Yôchânân 1:14
Mattithyahu 1:18–25
Yôchânân 20:22
Tarea Deductiva

El estudiante debe:
- Probar por qué la Variante es singular
- Explicar por qué Yahusha no es heredable
- Demostrar cómo se eluden todas las leyes de herencia
- Preservar la diferencia entre:
    - Restauración
    - Reproducción

Movimientos No Permitidos
- Tratar a Yahusha como modelo de una humanidad
- Introducir lógica de una Cuarta Humanidad
- Genetizar la salvación

Señal de Aprobación

El estudiante protege la unicidad de Yahusha sin debilitar la restauración.

CUATRIMESTRE V – MES 1 - SEMANA 68

INTEGRIDAD DEL SISTEMA

Defendiendo el Marco Completado

Material Gobernante

Ecuación Final de la Humanidad:

- Y + RT = FH

Uso Integrado:

- Todas las ecuaciones previas
- Todas las definiciones previas

Conjunto de Escrituras

1 Korínthios 15

Róměos 8

Apokálypsis 21–22

Tarea Deductiva

El estudiante debe:

- Trazar el arco completo:
  - Creación → Corrupción → Restauración → Consumación
- Probar por qué la restauración devuelve a la humanidad a FH
- Demostrar por qué la corrupción no puede reaparecer
- Defender la herencia como naturaleza, no recompensa

Movimientos No Permitidos

- Eternidad probatoria
- Rebelión cíclica
- Cumplimiento solo simbólico

Señal de Aprobación

El sistema permanece cerrado, estable e irreversible.

EVALUACIÓN FINAL DEL MES 1 (SIN ENSAYO)

Entrega Requerida
Una articulación estructurada del sistema (formato libre)

Debe mostrar:

- Preservación de límites
- Deducción correcta
- Sin especulación
- Sin enmarcado emocional

Resultado de la Evaluación

- Calificado → El estudiante avanza a la Tesis (Cuatrimestre V · Meses 2–4)
- No Calificado → Se requiere repetición antes de la elegibilidad para la Tesis

DECLARACIÓN FINAL – MES 1

Este mes prueba si el estudiante:
sabe acerca de Yahuah

- conoce a Yahuah tal como Él se ha revelado

Yadaʿ Yahuah no argumenta.
Reconoce.
La instrucción Termina aquí.
Solo la demostración permanece.

CUATRIMESTRE V· MESES 2–4
FASE FINAL DE TESIS
Construcción · Verificación · Calificación

CUATRIMESTRE V · MES 2
CONSTRUCCIÓN DEL ARGUMENTO Y DESARROLLO TEMPRANO DE CAPÍTULOS

CONTEXTO DEL MES 2
El Cuatrimestre V · Mes 2 marca la transición de un marco aprobado a la construcción activa de la tesis.
El estudiante ya no está proponiendo ideas. La tesis ahora está siendo escrita, probada y demostrada estructuralmente.

Este mes determina si la tesis:

- puede sostener una argumentación canónica
- mantiene disciplina en el lenguaje de pacto
- funciona más allá del diseño conceptual

El fracaso en esta etapa impide un fracaso mayor más adelante.

PROPÓSITO DEL MES 2
Al final del Mes 2, el estudiante debe demostrar:

- un marco completo de investigación canónica
- fundamentos de lenguaje de pacto controlados y defendibles
- dos capítulos completamente redactados
- confirmación de que la tesis es viable a escala de libro

Este mes prueba que la tesis puede escribirse, no solo imaginarse.

Estándares No Negociables — Mes 2

- Las Escrituras gobiernan la argumentación
- Las Escrituras Dabar Yahuah permanecen como la única autoridad
- La disciplina del lenguaje de pacto es obligatoria
- Se requiere consistencia intercanónica
- No se permite expansión especulativa fuera del alcance aprobado
- No se permite desviación del plano aprobado

La desviación no autorizada detiene el progreso.

ACLARACIÓN DE LA ESTRUCTURA DE ENTREGA– MES 2

Los elementos de desarrollo descritos a continuación funcionan como requisitos internos gobernados por el estudiante, no como entregas individuales.

Solo se requiere una entrega formal para el Cuatrimestre V · Mes 2, con vencimiento al final del mes.

Esa entrega debe demostrar la ejecución plena y completa de todos los requisitos internos de desarrollo listados a continuación como un paquete unificado.

SECUENCIA INTERNA DE DESARROLLO —MES 2

SEMANA 69 — MATRIZ CANÓNICA

Propósito

Demostrar que la tesis está arraigada en todo el corpus de las Escrituras, no dependiente de textos aislados.

Desarrollo Requerido

- 8–12 términos doctrinales centrales
- Puntos del pacto Antiguo
- Puntos Apokryfos
- Puntos del pacto Renovado
- Explicación de cómo cada corpus contribuye a la doctrina

SEMANA 70 — ARCHIVO DE INVESTIGACIÓN DEL LENGUAJE DE PACTO

Propósito

Establecer control lingüístico antes de la expansión doctrinal.

Desarrollo Requerido

- 3–5 términos clave de la tesis
- Raíces en lenguas originales
- Uso de las Escrituras en múltiples contextos
- Implicaciones doctrinales
- Límites semánticos explícitos

SEMANA 71 — BORRADOR DEL CAPÍTULO 1

Propósito

Establecer el tono, la autoridad y la disciplina estructural de la tesis.

Desarrollo Requerido

- Borrador completo del Capítulo 1
- Alineación clara con la tesis
- Argumentación estructurada
- Las Escrituras gobiernan todas las afirmaciones principales

SEMANA 72 — BORRADOR DEL CAPÍTULO 2

Propósito

Demostrar continuidad y sostenibilidad del argumento.

Desarrollo Requerido

- Borrador completo del Capítulo 2
- Desarrollo lógico a partir del Capítulo 1
- Sin redundancia ni contradicción

ENTREGA FORMAL – MES 2

Título de la Entrega

Paquete de Desarrollo de Tesis — Mes 2

Contenidos Requeridos

- Matriz Canónica
- Archivo de Investigación del Lenguaje de Pacto
- Borrador del Capítulo 1
- Borrador del Capítulo 2

REGLA DE FINALIZACIÓN DEL MES 2

El avance requiere un estado emitido por el supervisor:

«En Curso – Proceder al Mes 3».

El fracaso estructural o la inestabilidad doctrinal deben corregirse antes de avanzar.

DECLARACIÓN DE CIERRE DEL MES 2

«una tesis se prueba no solo por las ideas, sino por una argumentación sostenida y disciplinada».

CUATRIMESTRE V· MES 3

DESARROLLO COMPLETO DEL MANUSCRITO Y CIERRE DEL ARGUMENTO

CONTEXTO DEL MES 3

El Mes 3 es la fase de ejecución.
Toda la planificación está completa. Todos los fundamentos están verificados.

Este mes determina si el estudiante puede:

- completar un argumento a escala de libro
- mantener consistencia entre capítulos
- finalizar sin colapso doctrinal

PROPÓSITO DEL MES 3

Al final del Mes 3, el estudiante debe tener:

- todos los capítulos completamente redactados
- un manuscrito completo siguiendo el plano aprobado
- revisión del supervisor y retroalimentación escrita
- una ruta de revisión definida

La finalización es obligatoria. El pulido viene después.

ESTÁNDARES NO NEGOCIABLES – MES 3

Adherencia estricta al plano aprobado

- Sin nuevas afirmaciones doctrinales
- Sin expansión del alcance
- Las Escrituras gobiernan todos los argumentos
- Disciplina del lenguaje de pacto mantenida
- Coherencia estructural entre capítulos

ACLARACIÓN DE LA ESTRUCTURA DE ENTREGA – MES 3

Los elementos descritos a continuación funcionan como hitos internos de

desarrollo, no como entregas individuales.
Solo se requiere una entrega formal para el Cuatrimestre V · Mes 3, con vencimiento al final del mes.
Esa entrega debe presentar el manuscrito completo como una obra unificada.

SECUENCIA INTERNA DE DESARROLLO – MES 3

SEMANA 73 — BORRADOR DEL CAPÍTULO 3

Propósito
Demostrar la sostenibilidad del argumento más allá de los capítulos iniciales.

Desarrollo Requerido

- Borrador completo del Capítulo 3
- Cumplimiento exacto del plano
- Sin nuevos temas ni afirmaciones

SEMANA 74 — CAPÍTULOS RESTANTES

Propósito
Completar todos los capítulos restantes requeridos para la resolución de la tesis.

Desarrollo Requerido

- Borrador del Capítulo 4
- Cualquier capítulo adicional
- Alineación total con el plano

SEMANA 75 — ENSAMBLAJE COMPLETO DEL MANUSCRITO

Propósito
Consolidar la tesis en un documento unificado.

Desarrollo Requerido

- Página de título
- Resumen
- Todos los capítulos
- Conclusión preliminar
- Citas de las Escrituras

SEMANA 76 - ENTREGA FORMAL — MES 3

Título de la Entrega
Manuscrito Completo en Borrador

Contenidos Requeridos

- Manuscrito completo
- Todos los capítulos en el orden del plano
- Conclusión preliminar
- Citas correctas de la Escritura

REGLA DE FINALIZACIÓN DEL MES 3

El avance requiere un estado emitido por el supervisor:

«Borrador Aceptado para Calificación».

La falta de entrega de un manuscrito completo resulta en retraso.

DECLARACIÓN DE CIERRE DEL MES 3

«una tesis no está completa cuando suena convincente, sino cuando se mantiene coherente desde la primera palabra hasta la última».

CUATRIMESTRE V· MES 4

CALIFICACIÓN, INTEGRIDAD Y DECISIÓN FINAL

CONTEXTO DEL MES 4

El Mes 4 es la fase final de autoridad.
Sin investigación. Sin expansión. Sin revisión más allá de la corrección.

Este mes determina:

- integridad doctrinal
- idoneidad para la enseñanza
- otorgamiento del grado

Propósito del Mes 4
Al final del Mes 4, el estudiante debe tener:

- un manuscrito finalizado
- coherencia doctrinal demostrada
- el trabajo preparado para publicación o enseñanza
- el resultado final del programa recibido

Estándares No Negociables — Mes 4

- Fidelidad al alcance aprobado
- Sin nuevas afirmaciones doctrinales
- Sin nuevo trabajo del lenguaje de pacto
- Consistencia canónica en todo el documento
- Toda la retroalimentación del supervisor resuelta

ACLARACIÓN DE LA ESTRUCTURA DE ENTREGA—MES 4

Los elementos de calificación descritos a continuación funcionan como requisitos internos de resolución.
Solo se requiere una entrega formal para el Cuatrimestre V · Mes 4, con vencimiento al final del mes.
Esta entrega representa el paquete final y autoritativo de la tesis.
Secuencia Interna de Calificación — Mes 4

SEMANA 77 — PREPARACIÓN FINAL DEL MANUSCRITO

Propósito

Finalizar la versión oficial de la tesis.

SEMANA 78 — RESOLUCIÓN DE INTEGRIDAD DOCTRINAL

Categorías Requeridas

- Canon
- Corrupción
- Humanidad Dividida
- Restauración
- Cumplimiento

SEMANA 79 — PAQUETE DE PREPARACIÓN PARA PUBLICACIÓN

Contenidos Requeridos

- Resumen de contraportada
- Tabla de contenidos final
- Declaración de audiencia y uso
- Resumen de uso didáctico (si aplica)

SEMANA 80 - ENTREGA FORMAL — MES 4

Título de la Entrega

Tesis Final y Paquete de Calificación

Contenidos Requeridos

- Manuscrito final
- Integridad doctrinal completamente resuelta
- Materiales de preparación para publicación

DECISIÓN FINAL — MES 4

RESULTADO DE TESIS, VÍA DE PUBLICACIÓN E INTENCIÓN DE AUTORÍA

Naturaleza del Trabajo de Tesis

La tesis producida en el Término V no está concebida únicamente como un ejercicio académico.

Ha sido diseñada, evaluada y refinada como una obra de nivel libro, apta para publicación, enseñanza y uso instructivo a largo plazo.

Cuando el trabajo cumple con los más altos estándares de claridad, integridad doctrinal y transferibilidad, el Instituto considera la tesis no solo como un artefacto de calificación, sino como un posible texto base y obra de referencia futura dentro del currículo de Restauración Yadaʿ Yahuah.

INTENCIÓN DE PUBLICACIÓN

Cuando una tesis es considerada apta para publicación:

- El Instituto puede asistir al estudiante-autor en la preparación del trabajo para su publicación
- El trabajo puede ser utilizado como texto instructivo dentro del Instituto (cuando corresponda)
- El estudiante conserva plena autoría y derechos primarios de publicación

El apoyo editorial no altera la autoría.
La tesis sigue siendo la obra intelectual del estudiante-autor.

DERECHOS DE AUTOR Y REGALÍAS

Ediciones en Lengua Original

- El estudiante-autor es reconocido como autor único
- Todas las regalías estándar derivadas de ediciones en la lengua original pertenecen exclusivamente al estudiante-autor

Ediciones Traducidas — Estructura de Regalías Compartidas
Si el Instituto realiza la traducción de la tesis a otros idiomas:

- El Instituto retiene el ochenta por ciento (80 %) de las regalías correspondientes a las ediciones traducidas
- El estudiante-autor recibe el veinte por ciento (20 %) de las regalías correspondientes a las ediciones traducidas
- Las ediciones en la lengua original permanecen como propiedad exclusiva del estudiante-autor

Esta estructura refleja la responsabilidad del Instituto en traducción, revisión de Yadaʿ Yahuah, supervisión editorial, formato y distribución, preservando al mismo tiempo la participación continua del autor. Estas disposiciones se rigen por los acuerdos existentes entre tesis e Instituto y se reiteran aquí únicamente para claridad de intención, no para renegociación.

Determinación del Resultado
Al concluir el Término V · Mes 4, se emite uno de los siguientes resultados:

- Aprobado
- Aprobado con Revisiones Menores
- Revisión Requerida
- No Aprobado

Solo Aprobado o Aprobado con Revisiones Menores resultan en:

- Graduación del programa
- Elegibilidad para reconocimiento de autoría
- Elegibilidad para consideración de publicación

Una tesis puede calificar para graduación sin ser seleccionada para publicación. La publicación es una oportunidad, no un derecho adquirido.

VISIÓN INSTITUCIONAL

El Instituto no busca simplemente graduar estudiantes.
Busca formar custodios fieles, disciplinados y articulados de la verdad, cuyo trabajo pueda servir más allá del aula.
Cuando una tesis alcanza suficiente claridad, coherencia y estabilidad doctrinal, puede integrarse al cuerpo vivo de instrucción del Instituto.

Declaración Final del Programa
"Una tesis está completa cuando la verdad es articulada con claridad, defendida fielmente y preparada para servir a otros sin confusión."

RECONOCIMIENTO ACADÉMICO Y FELICITACIÓN

FELICITACIONES.

Has completado un curso de estudio que exige más que compromiso intelectual.

Te sometiste a:

- La autoridad de las Escrituras por encima de la tradición
- La disciplina por encima de la especulación
- La estructura por encima de la opinión
- La restauración por encima del compromiso

Pocos completan este programa porque pocos están dispuestos a ser corregidos en el nivel de los fundamentos.

Al concluir este trabajo, ya no eres un consumidor de marcos de Yadaʿ Yahuah.

Ahora estás calificado para interpretar, articular y defender la Restauración Yadaʿ Yahuah dentro de los límites establecidos por las Escrituras y preservados mediante método disciplinado.

Esta calificación conlleva responsabilidad.

DECLARACIÓN DE CONFERIMIENTO DE GRADO

Tras la aprobación de la Tesis Final y el cumplimiento de todos los requisitos académicos y doctrinales, el estudiante es elegible para la concesión del grado eclesiástico no acreditado:

Master of Biblical Restoration Studies (MBRS)

Este grado afirma competencia demostrada en:

- Razonamiento del pacto
- Disciplina del lenguaje del pacto
- Coherencia sistémica de Yadaʿ Yahuah
- Integridad académica y doctrinal

La concesión del grado no otorga autoridad doctrinal autónoma.

Confirma preparación para responsabilidad avanzada bajo las Escrituras.

LA MBRS COMO FUNDAMENTO — NO COMO TERMINACIÓN

Este grado no representa el final del aprendizaje.
Representa la restauración de los fundamentos.

La Maestría en Estudios de Restauración Bíblica establece la arquitectura mínima de Yadaʿ Yahuah necesaria para formación avanzada, asegurando que todo trabajo posterior se edifique sobre:

- Un canon restaurado
- Categorías doctrinales correctas
- Lógica del pacto
- Método disciplinado

El trabajo de doctorado no repara fundamentos.
El trabajo de doctorado refina, extiende y contribuye desde ellos.
El estudiante no se considera terminado en esta etapa.
Se considera correctamente fundamentado.

VÍA DE FORMACIÓN DE DOCTORADO

De Fundamentos Restaurados a Contribución Original

Los graduados que demuestren preparación pueden ser considerados para ingresar a la Vía de Formación De doctorado en Yadaʿ Yahuah Restaurado.

El doctorado no se ingresa directamente.

Se alcanza únicamente mediante una secuencia ordenada y acumulativa de etapas formativas, diseñadas para producir eruditos de canon completo capaces de contribución original sin fragmentación doctrinal.

La MBRS es la puerta de acceso — no el doctorado.

Naturaleza de la Formación De doctorado

La formación de doctorado no es un solo nivel académico.

Es una secuencia ordenada de etapas obligatorias, cada una gobernando un corpus central de la Escritura.

- No se emiten certificados
- Ninguna etapa puede omitirse
- El progreso se registra bajo autoridad del Instituto

Esta estructura existe para eliminar Yadaʿ Yahuah parcial, doctrina fragmentada y sistemas especulativos.

ETAPAS REQUERIDAS DE FORMACIÓN DE DOCTORADO

ETAPA I – FORMACIÓN EN EL PENTATEUCO

Dominio del orden creacional, fundamentos del pacto, humanidad y ley.
Ningún trabajo de doctorado procede sin dominio del Pentateuco.

ETAPA II – FORMACIÓN HISTÓRICA Y PROFÉTICA

Integración de la historia de Yasharal como testimonio del pacto y de la profecía como demanda judicial del pacto.

ETAPA III – FORMACIÓN APÓCRIFA Y DEL SEGUNDO TEMPLO

Resolución de orígenes de corrupción, Vigilantes, hibridación y brechas de continuidad canónica.

ETAPA IV – FORMACIÓN EN LOS EVANGELIOS Y ESCRITOS APOSTÓLICOS

Confirmación del cumplimiento centrado en el Mashíyach y continuidad del pacto.

ETAPA V – LAS ENSEÑANZAS DE YAHUSHA HA'MASHÍYACH

Síntesis de todas las etapas previas en un marco unificado de Restauración centrado en el Mashíyach.
La finalización de esta etapa concede elegibilidad para candidatura de doctorado.

CANDIDATURA DE DOCTORADO Y CONTRIBUCIÓN ORIGINAL

La finalización de las etapas de Formación De doctorado no confiere un grado ni credencial de doctorado.
Estas etapas proveen únicamente preparación fundacional.
Tras completarlas, el estudiante puede ser aprobado para ingresar al Programa De doctorado Final como candidato de doctorado en Yadaʿ Yahuah Restaurado.
La candidatura no es un grado ni conlleva título académico.
Es autorización formal para iniciar contribución original a nivel de doctorado.

La candidatura permite:

- Investigación original
- Participación en seminario de doctorado
- Propuesta de una obra de doctorado culminante

La obra de doctorado debe presentar contribución original, no repetición, en una de las siguientes formas:

- Disertación De doctorado en Yadaʿ Yahuah Restaurado, o
- Corpus Docente De doctorado en Restauración Canónica

El grado de doctorado se concede únicamente tras la finalización y aprobación exitosa del Programa De doctorado Final.

DECLARACIÓN FINAL DEL PROGRAMA

El objetivo de este programa nunca fue información.
Fue restauración.

Restauración de:

- La autoridad de las Escrituras
- Los límites doctrinales
- La claridad de Yadaʿ Yahuah
- La alineación del pacto

La Maestría restaura fundamentos.
La formación de doctorado refina y contribuye.
La eternidad juzga la fidelidad.
Que quienes completen esta obra continúen con humildad, disciplina y obediencia, recordando siempre:
La restauración no termina con el entendimiento.
Continúa con la responsabilidad.

CONCLUSIÓN — DE INSTRUCCIÓN A MAYORDOMÍA

Este texto formativo no ha buscado persuadir, inspirar ni entretener.
Ha buscado restaurar.
Lo presentado no es una colección de ideas, sino una estructura recuperada — gobernada por las Escrituras, preservada por el pacto y disciplinada por el orden.

Al estudiante no se le pidió estar de acuerdo, sino someter su razonamiento a límites revelados.
En este punto, la instrucción concluye.
Lo que sigue ya no es recepción, sino responsabilidad.

La medida del dominio no es la repetición, sino la preservación.
No la creatividad, sino la fidelidad.
No la expansión, sino la correcta transferencia.
Yadaʿ Yahuah no se demuestra por elocuencia, innovación ni certeza de opinión.

Se demuestra por obediencia a lo revelado y contención donde la revelación ha terminado.
Esta obra ahora pertenece al estudiante — no como posesión, sino como mayordomía.
Lo restaurado debe ser guardado.
Lo aclarado no debe ser distorsionado.
Lo recibido debe ser manejado con humildad.
La restauración no concluye con el entendimiento.
Comienza con la rendición de cuentas.

FINAL DEL PROGRAMA MBRS

De la Instrucción a la Custodia — Culminación de la Maestría en Estudios de Restauración Bíblica

La Maestría en Estudios de Restauración Bíblica ha concluido ahora su labor. A través de cinco etapas progresivas, los fundamentos fueron restaurados, la autoridad fue reordenada, la corrupción fue identificada, la humanidad fue trazada, la restauración fue revelada y la estructura del pacto fue estabilizada.

El estudiante ha pasado de la recepción a la formación, de la formación al dominio y del dominio a la demostración.
No queda más instrucción dentro de este programa.
La arquitectura ha sido entregada en su totalidad.

Al MBRS Libro 5 no ha añadido doctrina, teoría ni sistema. En su lugar, ha requerido que el estudiante demuestre que Yadaʿ Yahuah ha sido transferido de marco externo a razonamiento interno. La fase de tesis ha probado si el estudiante puede preservar límites sin supervisión, defender la lógica del pacto sin colapso y articular la restauración sin distorsión.

En este punto, el estudiante deja de ser receptor de enseñanza estructurada.
Se convierte en custodio del conocimiento restaurado.
La Maestría en Estudios de Restauración Bíblica concluye, por tanto, no con información, sino con responsabilidad.

Lo que ha sido restaurado debe ahora ser guardado.
Lo que ha sido esclarecido debe ahora ser preservado.
Lo que ha sido demostrado debe ahora ser vivido, enseñado y defendido dentro de los límites de las Escrituras y bajo la autoridad de Yahuah únicamente.
La instrucción ha terminado.

La custodia comienza.
Que quienes completen este camino avancen en humildad, restricción y fidelidad — recordando siempre:
La restauración no termina con el entendimiento.
Continúa con la responsabilidad.

www.ingramcontent.com/pod-product-compliance
Lightning Source LLC
LaVergne TN
LVHW080337110826
845155LV00027B/257
* 9 7 8 1 9 4 6 2 4 9 6 2 3 *